LETTRE

A M. LE VIC.te DE CHATEAUBRIANT,

PAIR DE FRANCE.

DE L'IMPRIMERIE DE DENUGON,
Rue du Pot-de-Fer,

LETTRE

A M. LE VICOMTE

DE CHATEAUBRIANT,

PAIR DE FRANCE,

Sur l'Application à faire, en politique, des Maximes du Christianisme, tel qu'il était à son origine.

PAR L. A. J. JARRY DE MANCY,

Chevalier de l'Ordre royal de la Légion-d'Honneur.

« *Naturale est in immensum mentem suam ex-* « *tendere. Magnu et generosa res est humanus ani-* « *mus : nullos sibi poni nisi communes et cùm* « *Deo terminos patitur.* » ANNEUS SENECA.

A PARIS,

Chez PLANCHER, libraire, rue Poupée, n°. 7;
et DELAUNAY, libraire, au Palais-Royal.

1817.

LETTRE

A M. LE VIC^{te}. DE CHATEAUBRIANT,

PAIR DE FRANCE.

MONSIEUR LE VICOMTE,

Est-il vrai que chacune des Puissances de l'Europe, catholique et schismatique, luthérienne et calviniste, ait présentement à Rome un Agent accrédité pour les rapports à établir et les mesures à concerter entre la Sainte-Alliance et le Saint-Siége? La Religion et la Politique ont-elles des intérêts communs? Quel bien, dans l'état actuel des choses, résulterait-il de l'intime union du Trône et de l'Autel? Voilà ce que de toutes parts on demande aujourd'hui.

Les publicistes et les diplomates s'expliquent diversement à ce sujet. Je ne suis ni l'un ni l'autre, et me bornerai à émettre, sur ces questions, quelques Observations qui n'y sont pas étrangères.

C'est à vous, Monsieur, que je prends la liberté de les adresser. Je m'y sens excité et m'y crois autorisé par le désir que vous avez manifesté publiquement, quand vous vouliez que la liberté d'écrire sur la Religion et la Politique s'étendît jusques aux journaux. « Dans des « journaux libres, disiez-vous, on peut « descendre en champs-clos; là, on peut « combattre de fausses doctrines, terras- « ser l'impiété et le jacobinisme. »

Les journaux continuent d'être soumis à une censure dont les écrits particuliers ne sont pas tout-à-fait exemptés. L'opinion publique est privée des moyens nécessaires pour se produire librement. Cependant la légitimité de sa puissance est incontestable; rien ne peut suppléer l'influence qu'elle a le droit d'exercer.

Les Rois sont intéressés à la connaître

et à la consulter. Si nous considérons nos devoirs envers eux et leurs obligations envers nous, c'est nous qui sommes répréhensibles, quand nous supposons qu'on peut les offenser en publiant ce qu'on croit être vrai. Nous ne le sommes pas moins envers la Loi elle-même que nous accusons tacitement d'une rigueur arbitraire, quand nous craignons de parler et d'écrire dans les occasions où un zèle désintéressé exalte en nous le désir de communiquer nos pensées.

Je ne veux pas avoir ces reproches à me faire, et revendique ma part dans un conflit d'opinions, sans lequel il ne saurait y avoir d'opinion publique.

Si je viens à bout d'exprimer convenablement ce que je pense, relativement aux questions dont il s'agit, malgré les difficultés qu'on rencontre en assujétissant aux formes du langage les résultats de méditations d'un certain ordre, peut-être parviendrai-je à rendre sensibles les

rapports que j'aperçois entre la Divinité, l'Homme et les autres Êtres, et à
faire comprendre, comme je le com-
prends moi-même, qu'en appliquant à la
Politique les maximes du Christianisme,
tel qu'il était à son origine, on donnerait
aux Institutions européennes une base
que les peuples satisfaits respecteraient
volontairement, et qu'alors, mais seule-
ment alors, il résulterait de l'union du
Trône et de l'Autel, un bien-être réel et
durable.

Puissé-je au moins, Monsieur, provo-
quer des Instructions de votre part, qui
nous mettent tous en état de distinguer
les fausses doctrines et *la véritable*, afin
que nous puissions, selon votre vœu, *combattre celles-là* et *terrasser* non-seulement
l'impiété et le jacobinisme que vous pren-
driez sans doute la peine de définir, mais
aussi l'hypocrisie qu'on reconnaît à son
masque, et le charlatanisme de prestiges
anti-sociaux beaucoup trop en évidence

pour qu'on puisse se méprendre à leur égard!

Je le désire plus que je ne l'espère, et cède au besoin de raisonner dans cette supposition.

Dès le milieu du siècle passé, un Publiciste, dont personne ne conteste les lumières, frappé du déchaînement des vices publics et particuliers, symptôme de la dissolution prochaine des États, signalait en termes formels, comme on le verra plus bas, les dangers, aujourd'hui imminens, dont l'Europe était dès-lors menacée. Ses avertissemens n'ont eu, et n'ont encore aucun effet. Qu'est-ce donc que la Politique? Pourriez-vous nous dire, Monsieur, quel est l'esprit qui règne dans ces Cabinets où l'on prépare nos destinées?

La Religion est sœur de la Vérité. L'une et l'autre sont filles du Ciel. Toutes les deux s'y réfugient, quand les superstitions enfantées par l'erreur dominent ici-bas et y exercent leur intolérance. « Gloire à

« Dieu dans l'immensité de l'Espace, et
« Paix sur la Terre aux hommes de bonne
« volonté. » Telle est la Charte entre Dieu
et les hommes : telle doit être celle des
hommes entre eux. Je pense, Monsieur
le Vicomte, que vous et moi sommes par-
faitement d'accord sur cela.

Au cas contraire, prenons pour Arbitre
l'homme sensible et véridique, qui, pon-
tife et instituteur d'un prince royal, disait
à son élève, à ses contemporains et à la pos-
térité : « Il n'y a point sur la terre de véri-
« tables hommes, excepté ceux qui ai-
« ment, qui consultent et qui suivent l'é-
« ternelle Raison. C'est elle qui nous ins-
« pire quand nous pensons bien, c'est elle
« qui nous reprend quand nous pensons
« mal. Nous ne tenons pas moins d'elle la
« raison que la vie ; elle est comme un
« grand Océan de lumières ; nos esprits
« sont comme de petits ruisseaux qui en
« sortent et qui y retournent pour s'y
« perdre. »

On peut, à son exemple et avec quelque gloire, aimer, consulter et suivre l'é-
ternelle Raison. C'est elle qui nous prescrit de ne désirer rien au-delà de ce qu'il
faut que nous demandions à notre Père
commun, afin que nous devenions im-
perturbablement reconnaissans et fiers
d'avoir été appelés à jouir et à faire partie du spectacle imposant des merveilles
de l'Univers.

Combien l'existence s'agrandirait à nos
yeux, quel charme n'aurait-elle pas pour
nous, si, dans tous les âges et toutes les
situations de la vie, nous étions pénétrés
de la certitude que cette destination est
véritablement la nôtre! Mettons tous nos
soins à ne laisser subsister aucun doute
sur ce point.

Le Temps, l'Espace, la Matière et le
Mouvement animent et remplissent la
Terre et les Cieux. Ces quatre choses réu-
nies, toujours en action, ont constam-

ment pour fin la Vie universelle dans une étendue sans bornes, au sein de laquelle leurs éternelles lois s'accomplissent avec une régularité immuable. — Première proposition.

On voit ces quatre choses en soi, on les aperçoit partout, elles sont inséparables. La quantité respective de chacune d'elles varie à l'infini dans leurs innombrables combinaisons. Nous leur devons nos sensations, nos idées, nos passions qui, les unes et les autres, sont proportionnelles aux divers rapports que ces quatre choses ont entre elles et avec nous dans chacun des objets qui nous frappent, sur lesquels nous méditons, auxquels nous nous attachons. — Deuxième proposition.

Chaque Être, de quelque nature qu'il soit, depuis l'Astre éclatant, dont le volume et l'activité ravissent notre admiration, jusqu'à la molécule imperceptible dont la forme et le mouvement nous échappent, a, dans l'ensemble universel, un rang essentiellement relatif, qu'on peut dire être *son Importance*. Elle est déterminée suivant les rapports (de durée, quant au Temps; d'étendue, quant à l'Espace; d'organisation, quant à la Matière; d'activité, quant au Mouvement) qui ont existé, existent et existeront entre lui, les autres Êtres passés, présens et futurs; et la Divinité, toujours présente, étant partout, en qui, par qui, pour qui tout existe. — Troisième proposition.

Chacune de ces propositions vient à l'appui des deux autres. Toutes les trois ont ce même Principe dont elles sont le développement: *l'infiniment grand et l'infiniment petit, également hors de la portée de notre intelligence, sont l'apanage essentiel et exclusif de la Divinité.* Ce principe est fondamental. Il embrasse la généralité des Êtres, et s'applique aux propriétés spéciales de chacun d'eux.

Celles-ci sont le domaine qu'exploitent les Sciences, auxquelles il appartient de vérifier les faits, et d'ajouter, par des expériences et des rapprochemens, à la masse de nos connaissances. Félicitons notre Entendement des services qu'il en reçoit, s'il permet lui-même, que, dégagés de ses entraves, et portés sur les ailes du Sentiment, nous dirigions notre vol vers la source de toutes les Vérités.

Nous n'en serons pas fort éloignés, lorsque chacun de nous sentira vivement et comprendra clairement que l'Homme et tous les autres Êtres plus ou moins animés, sont co-ordonnés et co-relatifs, d'eux à la Divinité, dans le rapport incommensurable du fini à l'infini; et entre eux, suivant des rapports aussi divers et aussi multipliés qu'ils le sont eux-mêmes, étant les résultats de combinaisons dans lesquelles la quantité respective du Temps, de l'Espace, de la Matière et du Mouvement, est variée à l'infini.

Il ne faut qu'ouvrir les yeux pour s'en convaincre. Chaque individu, ici - bas, quelle que soit son espèce, fait partie d'une de celles qui appartiennent à un Être individuel, la Terre. Celui-ci fait partie des Corps opaques, formant notre Système planétaire, et appartient, ainsi que tous ceux de cette espèce, connus et inconnus, à un Être également individuel, le Soleil, qui, avec les innombrables Étoiles fixes, visibles et invisibles, individus de la même sorte que lui, compose une espèce appartenant immédiatement, autant que nous en pouvons juger, à l'Être Universel, souverainement Individuel, dont nous méconnaissons la majesté, quand nous l'imaginons semblable à nous, en lui supposant des sensations, des idées, et surtout des passions telles que les nôtres.

Partons de ce point, Monsieur le Vicomte ; allons jusqu'où l'évidence nous attire, et gardons-nous des obscurités théologiques et idéologiques.

Chaque fois que nous entreprenons de nous faire une idée de ce qu'est Dieu (et c'est, quoi qu'on en dise, un besoin pour l'homme); les plus puissantes méditations ne nous représentent, en dernière analyse, que ces quatre choses primordiales et coëfficientes, le Temps, l'Espace, la Matière et le Mouvement, qui, étant *Tout ce* dont la réalité est évidente pour nous, sont également *Ce* dont il nous est impossible de concevoir le commencement et la fin, l'étendue et l'essence.

L'amalgame remarquable d'une incompréhensibilité aussi absolue, et d'une réalité aussi évidente, semble annoncer ce que nous cherchons. C'est, en quelque sorte, le tissu mystérieux du voile à travers lequel la Divinité, dont nous ne pourrions soutenir l'éclat face à face, se laisse entrevoir resplendissante des attributs de l'infini. Le sentiment du besoin que nous avons de cette interposition, est propre à lever les doutes qui pourraient encore nous rester. Il doit nous paraître au moins fort étrange qu'il y ait sur la terre des hommes capables d'affirmer *qu'à leur connaissance*, la Divinité existe *Ailleurs* ou consiste *Autrement* que dans la plénitude et le concours du Temps, de l'Espace, de la Matière et du Mouvement.

Quand nous saurons en vertu de quoi notre volonté fait mouvoir notre main, nous pourrons espérer de comprendre comment il se fait qu'une Matière infinie, variée à l'infini par un Mouvement infini, durant un Temps infini, dans un Espace infini, produit les êtres de toute nature, dont les décompositions et les recompositions successives renouvellent sans cesse l'Univers.

Il n'a point de bornes. Notre planète n'est elle-même qu'une infiniment petite partie de ce qu'il nous est possible d'en apercevoir. Comment se pourrait-il qu'elle fût l'objet spécial de la création du Monde entier? D'un Pôle à l'autre, toutes les religions diverses entre elles s'accordent pour l'attester : mais aussi chacune d'elles traite les autres d'inventions fabuleuses. Laissons-les se combattre.

Le Ciel attire les regards et la pensée. Une Révélation authentique y est tracée en caractères que d'aucun des points de la surface du Globe on ne saurait méconnaître. Elle offre à la vénération de ses habitans l'auguste aspect d'une Substance universelle, incompréhensible pour les Êtres qui en font partie. L'éternité du Temps, l'ubiquité de l'Espace, l'immensité de la Matière, la perpétuité du Mouvement, manifestent sa présence. C'est la Divinité en qui, par qui, pour qui tout existe. Notre destination est de la contempler, et notre premier devoir de nous humilier devant Elle.

Nous remplirions notre destination et ce devoir, si nous considérions, dans un esprit et avec un cœur ingénus, l'action perpétuelle des ressorts qu'Elle met en jeu pour développer, tant au-dedans de nous qu'au-dehors, cette scène merveilleuse dont Elle est l'ensemble général. Que de motifs pour l'adorer et l'aimer! Comment résisterions-nous au besoin de nous soumettre à sa volonté et au charme qui nous pénétrerait d'amour et de respect pour Elle?

Mais, hélas! que nous sommes loin de cette ingénuité native si regrettable! En quelque lieu que ce soit, l'homme venant au monde, trouve établies des doctrines qui pervertissent son ignorance. L'espèce entière, en proie à un orgueil désordonné, le satisfait, quand elle s'applique à rabaisser la Divinité, afin de se placer, en imagination, avec elle dans les cieux.

Telle est la cause de nos erreurs et

de nos maux. Cherchons-en de bonne foi le remède.

Le plus renommé des sages de la Grèce voulait que notre principal soin fût de nous étudier, afin de nous connaître. Il joignait l'exemple au précepte. Ses méditations et ses recherches devaient le conduire, et l'ont conduit en effet à aimer la Sagesse pour elle-même, et à considérer les devoirs qu'elle prescrit comme autant d'obligations dont on ne se dispense envers Dieu, les hommes et soi, qu'à charge d'être malheureux.

Pourquoi faut-il qu'un continuel exercice de facultés mentales aussi exquises, les ait exaltées en lui au point que, par modestie, sans doute, il ait cru devoir en attribuer les vives lumières aux inspirations d'un Génie familier ? De cette erreur à une beaucoup plus grave, Socrate n'eut qu'un pas à faire.

Au moment de quitter la vie, il s'entretenait avec ses amis de l'immortalité de l'âme. Nous avons ce discours. Il est insinuant et persuasif, mais on se demande où est la démonstration. Caton d'Utique le lut à deux reprises durant la nuit à la fin de laquelle il avait résolu de se donner la mort. Il y cherchait une conviction qu'il n'y trouvait pas.

L'âme n'a jamais été définie. Si ce mot a un sens dans lequel il puisse être entendu, c'est quand on l'applique à l'Être Universel souverainement Individuel. Oui, la Divinité *a* ou *est* une âme qui n'a point eu de commencement et n'aura pas de fin. « Son centre est partout, et sa cir- « conférence nulle part. » Elle exclut le néant, Elle est tout.

Cela étant, comment admettre d'innombrables éternités ayant eu divers commencemens? Où placer, durant cette demi-éternité qu'on se plaît à imaginer et qu'on nous attribue, le centre et la sphère de chacun de nous? Non, nous *ne sommes ni n'avons point* des âmes immortelles.

2

Cessons d'être ou trop vains ou trop
peu fiers. Portons nos regards vers le
Ciel, abaissons-les sur la Terre ; rentrons
en nous-mêmes, et humilions-nous devant
Dieu. Prions-le, afin qu'il nous accorde
le don de sentir que, dans chacun des
Êtres qui sont tous renfermés en lui, il
existe ce qu'à défaut d'autre expression
nous nommerons *Instinct;* que cet instinct, tendance innée de la Matière à
accomplir, en Temps et Lieu, les Mouvemens qui lui conviennent, est une émanation de la Divinité ; qu'il est, dans
chaque Être, proportionnel à ce que nous
avons dit être *son Importance ,* et a pour
objet sa conservation ; qu'à ce double titre,
la Divinité a le sien, infini comme elle,
auquel tous les autres se rapportent et
qui les embrasse tous ; que la dissem-
blance et l'analogie entre les animaux,
les végétaux et les minéraux, doués chacun de leur instinct particulier, concou-
rent à rendre cette vérité évidente pour

nous ; et qu'enfin rien ne combat plus victorieusement l'Athéisme, et par contre-coup le Matérialisme.

On ne fausse pas impunément l'instinct. Quand il est en pleine action, c'est le vrai bonheur. Si l'on comprend bien ce que sont l'importance et l'instinct de chaque Être, peut-on hésiter un seul instant à croire que l'instinct et le bonheur de l'homme se confondent avec la Vertu ?

Instinct, Vertu, Bonheur! Accord du mobile, de la voie et du but! jusques à quand ton indestructible ressort sera-t-il comprimé par l'erreur qui domine sur les deux hémisphères?

La Vertu conserve, et le bien-être l'accompagne: le Vice détruit, et le mal-être en est inséparable. Ces deux principes opposés, agissant et réagissant l'un sur l'autre, sont l'apanage de tout Être, produit imparfait d'une portion de la Matière, animée par une portion du Mouvement, durant une portion du Temps, dans une portion de l'Espace ; la Divinité seule est parfaite.

Notre instinct (on ne saurait trop le répéter) émane d'Elle. C'est par lui principalement qu'Elle réside en nous, tant que nous existons. Avant et après, nous sommes confondus en Elle ; son sein paternel est un commun refuge contre le Vice, dont l'activité fatale tend à dépraver, et décompose à la longue tous les Êtres (Astres, Espèces, Individus) qui, ayant eu un commencement, doivent avoir une fin, et se perdre dans l'immensité du Temps, de l'Espace, de la Matière et du Mouvement, agens perpétuels et inaltérables de la Vie universelle.

La Vie (individuelle) est une portion du Mouvement, agissant sur une portion de la Matière, durant une portion du Temps, dans une portion de l'Espace ; elle est, dans chaque Être, proportionnelle à l'importance, gouvernée par l'instinct, en butte au vice, et comprise entre deux termes : la Naissance et la Mort.

La Naissance, pour chaque Être, est l'instant auquel son germe sort d'une inertie apparente, en recevant l'activité qui lui est nécessaire pour se développer. Cette activité lui est communiquée, en Temps et Lieu, par une Matière analogue, douée momentanément d'une surabondance de Mouvement. Une animalisation graduelle qu'entretient la masse des Êtres co-ordonnés entre eux, renouvelle à chaque instant le mode d'exister de chacun d'eux. L'infiniment petit et l'infiniment grand se manifestent ouvertement dans cette opération mystérieuse d'une reproduction perpétuelle. C'est ainsi que notre entrée dans l'existence, et les moyens de la conserver, rendent évident pour nous, sans qu'il cesse d'être incompréhensible, l'attribut exclusif de la Divinité.

La Mort est l'opposé, non de la vie, mais de la naissance. Il n'y a point de mort absolue. Relativement à chaque Être, elle est l'instant auquel cesse en lui le mou-

vement propre à l'organisation de la matière dont il est doué. Ses restes tombant
en dissolution, sont passibles d'animali-
sations partielles, qui ne permettent pas
de croire, qu'à la suite de la vie qui vient
de cesser pour lui, il y en ait une autre
qui lui appartienne.

Ceux que l'opinion contraire séduit,
prétendent la justifier en disant que notre
aversion insurmontable pour cesser d'être,
est la preuve d'une vie future. Quand ils
chercheront de bonne foi la vérité sur ce
point, il leur sera facile de comprendre
que l'instinct qui, dans chaque Être, a pour
objet sa conservation, est le véhicule réel
de notre répugnance à mourir; qu'il nous
a été donné tel par une Providence franche
dans ses voies, et qu'ainsi il ne doit nous
rester aucun doute sur ce qu'est la mort.

Chaque Vice, à prendre ce mot dans
son acception commune, est une maladie
de l'instinct, qui altère la raison, comme
chaque maladie est un vice du corps qui

altère la santé. Cependant un Vice général, fatal aux espèces et aux individus, mais quant à la masse des Êtres, agent nécessaire de la décomposition, sans laquelle il n'y aurait pas de Vie universelle, opère sans relâche sur tout ce qui existe.

C'est son influence qui, toujours en opposition avec notre instinct, excite en nous des déréglemens, des inquiétudes et des peines propres à dénaturer le bienfait de l'existence. Le remède à cela est inhérent à nous-mêmes ; certains que le Temps, l'Espace, la Matière et le Mouvement, sujets à une variété infinie de combinaisons, demeurent à jamais dans leur entier, notre sécurité a pour fondement les intentions paternelles de la Divinité. Sa bonté est l'attribut essentiel d'un Instinct universel dont l'action infinie est la cause toute-puissante de l'ordre immuable que maintient son ascendant perpétuel sur le Vice.

Notre instinct (nous ne le dirons jamais assez) émane d'Elle. Il nous rend habiles à discerner le bien et le mal. En nous conformant à ses inspirations, nous acquérons des habitudes et une force, qu'à bon droit, on nomme Vertu.

Cette Vertu qui maintient en nous, et avec autrui, l'ordre et les rapports établis par les lois de la Nature et de la Société pour le bien-être de tous et de chacun, ne se maintient elle-même qu'en reconnaissant son insuffisance pour résister constamment à l'influence pernicieuse du Vice.

Mais notre Mère commune, marchant humblement dans une route tracée autour de l'Astre qui la vivifie, nous instruit à diriger nos affections et nos pensées vers la Divinité, source de tous les biens. La prière les attire sur nous. C'est une communication au moyen de laquelle nous aspirons l'influence salutaire qui préserve l'innocence ou fait naître et entretient le repentir. Son efficacité assure le triomphe de la Vertu qui obtient enfin, dans un contentement que rien ne trouble et dans une fermeté qu'aucun événement ne saurait ébranler, *son fruit* et *sa récompense.*

Ceci, Monsieur le Vicomte, est une vérité généralement sentie. Arrêtons-nous un moment afin de lui rendre hommage avant que d'aborder la question importante qui en dérive.

Comment doit-on prier? Que faut-il demander à Dieu?

Si cette question vous était adressée, Monsieur, quelle serait votre réponse? Vous voudriez sans doute qu'elle contînt un exposé de la véritable doctrine, ou qu'elle en fût au moins le résumé. Il en a été ainsi. Le Maître interrogé de cette sorte par les Apôtres a mis tout le Christianisme dans son immortelle prière.

Chaque religion a ses Écritures diversement interprétées dans chacune de ses sectes. Cette confusion générale invite les hommes à rechercher un Symbole de foi sur lequel ils puissent s'accorder.

Bénissons la Providence. Elle a permis qu'un Formulaire à la fois simple et sublime parvînt jusqu'à nous à travers dix-huit siècles, couvert du respect de chacune des générations qui nous l'ont transmis.

L'Oraison dominicale est révérée de toute la Chrétienté. Cette tradition essentiellement pieuse n'a souffert aucune altération, n'a été l'objet d'aucun schisme. C'est une source restée pure. Ayons la sagesse d'y puiser notre croyance et nos maximes. Ses dogmes et ses préceptes composent une Religion qui satisfait également le sentiment et la raison.

Dieu est notre père : Le Mal est notre adversaire. Voilà ce que nous devons croire et sur quoi nous avons à méditer.

Adorer Dieu et se soumettre entièrement à sa volonté, afin qu'il règne sans obstacle dans le cœur ; se contenter du pain de chaque jour ; avoir pour tous les autres la charité dont on a besoin pour soi ; résister à la tentation afin de se soustraire à l'empire du mal ; prier pour obtenir de persévérer dans ces dispositions : Voilà ce qu'il faut constamment pratiquer.

Si l'Oraison dominicale ne nous enseigne pas formellement que l'homme vertueux trouve *sa récompense* et le vicieux *son châtiment* en eux-mêmes, au moins elle ne préconise pas l'erreur qui place dans une autre vie *nos espérances* et *nos craintes.*

Ingrats mortels que nous sommes ! jusques à quand dédaignerons-nous le domaine temporaire dont la Divinité nous investit ? L'instinct, dans sa pleine action, le dispose en nous pour le règne de la vertu et le séjour du bonheur, dont notre triomphe sur la terreur de la mort serait la principale garantie. De vaines illusions nous feront-elles renoncer à un héritage aussi réel ? Sachons en jouir, et la Providence est justifiée.

Qu'avons-nous fait pour cela jusqu'à ce jour, Monsieur ? Quels services avons-nous reçus, à cet égard, de la Milice sacerdotale ?

Nous l'avons vu, dans tous les cultes, quels qu'ils fussent, s'acquitter religieusement du soin d'exhorter le peuple à supporter humblement des privations dont elle lui offrait le dédommagement dans un autre monde. Cependant, la porte des honneurs et des richesses était ouverte dans celui-ci à ces Apôtres du désintéressement et de l'humilité. Aucun scrupule ne les retenait. Tout ce qu'ils s'appropriaient devenait sacré. De mondaines convenances favorisaient cette usurpation, au point que le scandale en était déversé sur ceux qui s'éloignaient d'autels profanés par le luxe. Les Temples recélaient des trésors ; l'éclat de la Thiare effaçait celui des Couronnes....; et l'on aurait voulu qu'une telle cupidité n'eût pas été contagieuse! quel étrange aveuglement!

Il n'est pas le seul qui ait nui au bienêtre de l'espèce humaine et ait accéléré la dissolution des États. Consultons les Annales de la terre; voyons-y comment se sont accomplies d'importantes destinées, auxquelles le sort de chacun était lié.

Toutes les Nations ont eu leur enfance, durant laquelle leur instinct n'était pas encore altéré; puis, leur jeunesse, leur maturité, leur déclin, leur vieillesse et enfin leur décrépitude. La rouille des préjugés qui s'enracinaient, des erreurs qui s'accréditaient, des abus qui s'invétéraient, des attentats politiques qui se légitimaient, dévorait leur substance originelle. Les États parvenus au plus haut degré de civilisation, celui d'une entière corruption, offraient le spectacle monstrueux d'une multitude toujours croissante de nécessiteux en face d'une faible quantité toujours décroissante d'hommes assez insensés pour se flatter que d'artificieuses précautions, suggérées par l'orgueil et l'avarice, maintiendraient perpétuellement, dans leur classe, un bien-être exclusif. De fastueuses villes affamaient les campagnes.

Cependant les Générations en masse, dont l'instinct se rajeunissait partiellement à la naissance de chaque enfant, n'ont jamais voulu que les choses dont on ne peut se passer, fussent à la merci d'un petit nombre d'individus, que d'imprévoyantes Institutions favorisaient, et qui en ont constamment abusé. Les prestiges du luxe cessaient de prévaloir contre la réalité des besoins naturels. Des commotions plus ou moins fortes, plus ou moins fréquentes, précédaient et annonçaient l'explosion qui remettait enfin les hommes et les choses dans leur état primitif.

L'Asie mineure, jadis couverte de cités

opulentes, n'offre plus aujourd'hui qu'un vaste territoire fréquenté par des hordes indépendantes. Le voyageur le plus intrépide pénètre difficilement jusqu'aux ruines de Palmyre. L'Euphrate baigne des contrées devenues sauvages. Des essaims de fourmis et d'abeilles peuplent en silence le gazon et les arbres qui végètent sur les fondations de la muraille, base colossale des jardins dont Sémiramis avait entouré Babylone, qu'on ne retrouve plus.

Encore un peu d'attention, M. le Vicomte, pour ce qu'il me reste à vous dire. Chacun, sans exception, dans la vieille Europe, a quelque intérêt à le bien entendre.

Il y a plus de cinquante ans qu'un homme, à jamais célèbre par la sagacité de son génie, la profondeur de ses connaissances, l'étendue de ses vues, mais surtout par l'ardeur et le désintéressement de son zèle pour la cause de l'hu-

manité, publiait ceci : « L'Empire de
« Russie voudra subjuguer l'Europe et
« sera subjugué lui-même. Les Tartares,
« ses sujets ou ses voisins, deviendront ses
« maîtres et les nôtres. Cette révolution
« me paraît infaillible : tous les Rois de
« l'Europe travaillent de concert à l'ac-
« célérer ».

Si l'on s'abstient de qualifier cette an-
nonce comme elle mériterait de l'être,
puisqu'enfin, à la suite des événemens dont
nous venons d'être témoins, *Alexandre
est aujourd'hui Roi de Pologne*, faut-il
aussi se borner à dire qu'elle se trouve
consignée dans un Écrit peu volumineux,
mais plein, qui nous a été donné par
l'auteur comme Table analytique d'Institutions politiques qu'il avait le projet de
composer, et qu'après y avoir réfléchi, il
a jugé inutile d'offrir à un siècle inca-
pable d'en apprécier le mérite, et encore
moins disposé à en faire usage ?

Ah ! n'hésitons pas à considérer cet avertissement comme un Phare allumé pour le salut des navigateurs. Montrons-le aux Nations et à leurs Chefs prêts à échouer sur un même écueil, au sein de l'obscurité qui les aveugle, et dans laquelle ils s'agitent en tout sens, faute de connaître la marche qu'ils ont à suivre, et le service respectif que les Pilotes sont en droit d'attendre des Equipages, et les Equipages des Pilotes, durant la traversée, et surtout quand les nuages s'amoncèlent pour la tempête.

Dans une tête organisée comme l'était celle de l'auteur du Contrat social, le principe et les conséquences de la réunion des familles en grandes sociétés, l'ensemble et les détails de l'art de gouverner se représentaient, sans doute, dans un ordre et avec une clarté dont ses Institutions politiques auraient offert le modèle. Nous ne cesserons de regretter qu'un tel Publiciste n'ait pas jugé sa voix propre à se faire entendre au milieu d'un tumulte

qui, depuis, a toujours été en augmen-
tant, et nous désespérerons comme lui
du salut de l'Europe, à moins que les
conditions de la Sainte-Alliance que les
Rois forment entre eux, ne soient aussi
favorables aux Peuples qu'aux Monarques, et, par ce moyen, également propres à assurer le repos des Nations et la
stabilité des Trônes.

S'il en est autrement, si les Souverains
de l'Europe cédant aux insinuations des
courtisans, s'aveuglent au point d'oublier
à quel titre et sous quelles conditions l'autorité suprême est légitime, malheur aux
Babylones modernes dont s'enorgueillit
cette partie du monde viellie dans la corruption!

Le centre de l'Asie, berceau de l'espèce humaine, en a conservé les droits
imprescriptibles. Dans un immense territoire qu'aucun géographe n'a mesuré,
qu'aucun conquérant n'a envahi, sur les li-
mites duquel les Armées romaines ont été

ensevelies, naissent et meurent libres de véritables hommes, qui, de temps immémorial, ont été maîtres, chaque fois qu'il l'ont voulu, des Etats énervés par le luxe.

A l'Est, une puissante muraille, défendue par une armée nombreuse, n'a pas été capable de les arrêter.

L'étendart de Gengis-Khan flotte au Midi sur les tours de Delhi.

Constantinople respecte encore aujourd'hui le pacte qui désigne la souche de ses anciens conquérans, pour succéder à la dynastie Ottomane actuellement régnante.

La Pologne a cessé d'être une barrière pour les contrées de l'Ouest.

Des hommes et des chevaux infatigables venus des confins de la Grande Tartarie se sont désaltérés dans la Seine, sans que Paris ait interrompu, un seul jour, ses habitudes efféminées. La nouvelle en circule présentement parmi des hordes innombrables.

Ne craignons pas d'ajouter, (et pourquoi le dissimulerions-nous?) qu'au sein de l'Europe, des millions d'hommes sans propriété, victimes d'impôts de toute espèce, servant à l'entretien d'un Crédit public qui mène à l'opulence ceux qui sont déjà riches, et à la misère ceux qui sont déjà pauvres, soumis en apparence, mais intérieurement dévorés d'une animosité secrète, seraient volontiers auxiliaires et complices d'un envahissement dont ils croiraient n'avoir rien à craindre et avoir quelque chose à espérer.

Fatale prédiction! sévère Providence! Aura-t-on long-temps encore des yeux pour ne pas voir?

Rome, en changeant de Maîtres, n'a pas cessé d'être un foyer d'ambition et de cupidité. La pourpre du sacré Collége, les deux Clefs surmontées d'une triple Couronne, donnent au Siége apostolique une splendeur diamétralement opposée à l'esprit de son institution. Le faste du

Vatican décrédite la mission qui s'est accomplie sur le Calvaire.

C'est là, qu'au milieu des tourmens et de l'ignominie, le Juste a sanctifié sa doctrine. Ne pleurons pas sur lui, pleurons sur nous. Abjurons sans délai l'impiété et l'hypocrisie, l'égoïsme et le ressentiment qu'il excite. Redevenons chrétiens, et l'Europe prendra une nouvelle face.

L'abnégation de soi, une piété filiale, une charité fraternelle, la proscription du luxe et des vices qui marchent à sa suite, l'amour du travail, la subordination dans chacune des classes de la grande famille rendront à l'arbre social la sève dont il est dépourvu.

Les racines revivifiées disposeront la tige à porter, au lieu de branches flétries, des rameaux sains et vigoureux. Les générations heureuses sous cet ombrage béniront la Sainte-Alliance des Monarques actuellement régnans, devenus tout-à-fait nationaux, et légitimant ainsi les pouvoirs constitués à l'origine des grandes Sociétés, quand les familles, en se réunissant, confieront au plus sage et à ses descendans, le soin de gouverner dans l'intérêt commun de tous.

Les Siècles ensevelissent sous leurs débris Empires sur Empires, Religions sur Religions. Mais l'instinct de chaque homme venant au monde, et celui de chaque génération en masse ont été, sont et seront toujours les mêmes. Cet instinct, tendance innée de la Matière à accomplir, en Temps et Lieu, les Mouvemens qui lui conviennent, est une émanation de la Divinité, propre à chaque Être, (Astre, Espèce, Individu) tant qu'il existe, et fait son bien ou son mal-être, selon que lui-même se conserve, ou se déprave, en se conformant ou non aux inspirations qu'il en reçoit.

C'est ainsi que la Divinité est véritablement *glorifiée* et sa providence *justifiée*. Le Ciel est visiblement garant de cette vérité. La Terre s'y meut constamment, sans jamais s'écarter de la route que son instinct lui trace. Hors de là, elle se perdrait dans les abîmes de l'Espace, et la masse des Êtres n'en serait pas plus altérée que l'Océan ne l'est, quand la Seine manque à lui verser ce qu'un de ses brouillards ajoute aux nuages.

O Plénitude universelle, incompréhensible autant que réelle, du Temps, de l'Espace, de la Matière et du Mouvement, co-existante avec la Toute-Puissance éternelle, transmets lui, s'il est vrai que tu ne sois pas Elle, l'hommage que nous rendons aux Apparences et à l'Autorité dont tu es revêtue!

Je n'étendrai pas plus loin ces Observations. Elles seront dédaignées, je n'en doute pas, par tous ceux qui s'appliquent uniquement à faire prévaloir les doctrines dominantes et la politique des Cours, soit qu'elles aient tort ou raison. Mais il pourra arriver que parmi ceux qui méditent sans prévention sur la Nature des choses et le sort des Nations, il y en ait quelques-uns qui trouvent dans ces Observations, matière à des développemens ou à des discussions qu'ils seront capables de rendre utiles.

Quoi qu'il en soit, Monsieur le vicomte, si je n'ai pas suffisamment rempli l'objet que j'ai annoncé avoir en vue, au moins j'en ai dit assez pour faire sentir de quelles armes on doit se servir, quand on entreprend de combattre l'impiété qui s'obstine à ne voir la Divinité nulle part, et l'hypocrisie qui feint de la contempler dans des simulacres, le jacobinisme extravagant d'une multitude de mécontens, et un charlatanisme accrédité d'autant plus pernicieux qu'il prive également d'un contentement réel ceux qui en profitent et ceux qui en souffrent.

Il n'y a au monde qu'un seul et véritable bien, une seule et véritable doctrine. Le moment n'est peut-être pas éloigné où les Nations entières déposeront leurs doutes à cet égard, aux pieds de l'homme éminemment divin, dont la vie et la mort sont la leçon la plus mémorable qu'aient reçue les Enfans de la Terre.

Aurait-il voulu nous induire en erreur sur les relations qui existent entre la Divinité et l'espèce humaine, et nous donner le change sur *des peines et des récompenses éternelles*, dont il n'a pas parlé dans la réponse qu'il a faite à ses Disciples, quand ils lui témoignaient le désir de savoir *comment on doit prier, ce qu'il faut demander à Dieu?*

Non, mille fois non. Que l'oraison Dominicale soit donc, dès ce moment et pour toujours, le fondement de notre croyance, la règle de notre conduite, le gage de notre soumission, et la garantie de notre sécurité!

———

www.ingramcontent.com/pod-product-compliance
Lightning Source LLC
Chambersburg PA
CBHW051736050726
47598CB00003B/1215